Medios de pago en el Comercio Internacional

Manuel Vera López

ISBN: 1505549302
ISBN-13: 978-1505549300

CONTENIDO

1 INTRODUCCIÓN

En una transacción internacional tenemos que tener en cuenta que el vendedor (exportador) pretenderá asegurarse al máximo el cobro de su venta y el comprador (importador), tratará de asegurarse la entrega de la mercancía en el momento y forma acordados.

Los medios de pago internacionales no son específicos para operaciones internacionales, sino que se pueden usar en operaciones nacionales. Sólo del crédito documentario podemos decir que nace con la vocación internacional; aunque se puede usar de forma doméstica.

Los medios documentarios se pueden agrupar atendiendo a diversos motivos; pero el más importante es el que los divide en documentarios o simples.

DOCUMENTARIOS

El pago de la operación está condicionado a que el exportador entregue determinados documentos, de tal forma que el importador se asegura, antes de pagar, que la mercancía ha sido puesta a su disposición en el punto convenida y en la forma acordada.

SIMPLES:

Evidencian una mayor confianza entre importador y exportador, y las comisiones bancarias son más reducidas. Aunque la seguridad en el cobro es menor que en los documentarios.

Otras formas de clasificar y ordenar los medios de pago son:

No sujetos a gestión de documentos comerciales	Iniciativa en el medio de pago	Confianza entre Importador y Exportador	Seguridad en el Cobro (cuando el pago no es anticipado)	Gastos Bancarios	Posesión de la mercancía hasta el pago
Efectivo	Importador	Máxima	Nula	Bajos	Importador
Cheque personal	Importador	Máxima	Nula	Bajos	Importador
Cheque bancario	Importador	Máxima	Nula	Medios/bajos	Importador
Orden de pago simple	Importador	Máxima	Nula	Medios/bajos	Importador

Sujetos a gestión de documentos comerciales	Iniciativa en el medio de pago	Confianza entre Importador y Exportador	Seguridad en el Cobro	Gastos Bancarios	Posesión de la mercancía hasta el pago
Crédito Documentario	Importador	Mínima	Máxima	Alto	Exportador
Remesa simple	Exportador	Máxima	Nula	Medio	Importador
Remesa documentaria	Exportador	Media	Media	Medios/alto	Exportador[1]

Al final del libro, habrá un capítulo dedicado a la problemática de qué medio de pago elegir y cómo garantizar la operación; sea con una garantía bancaria, una Carta de Crédito Contingente o un **mix de productos** (documentarios + simples).

Para todos los medios de pago, en el apartado costes usaremos cotizaciones reales de un banco

---

[1] Salvo pago anticipado con anterioridad al envío de la mercancía.

2 ORDEN DE PAGO SIMPLE

Es el mandato a una entidad bancaria para que realice un pago a un tercero, con cargo a los fondos que el mandante mantiene, o ha puesto a disposición, en dicha entidad financiera. Es una orden de un comprador a su banco para que pague al vendedor.

Es incondicional, contra mera identificación del beneficiario. Cuando los fondos se movilizan de cuenta a cuenta se denomina Transferencia

A nivel internacional no existe una normativa internacional que sea aplicable con carácter general. Dentro de los países de la Unión Europea (UE) sí existe. Las transferencias se denominan **Transferencias transfronterizas en la UE** y están sujetas a "Control de Cambios".

Cuando hablamos de transferencias a países terceros (fuera de la Unión), se denominan **Transferencias no Reglamentarias.**

A destacar:.

- Gastos SHA (shared): gastos compartidos por las dos entidades financieras (la del vendedor y la del comprador)
- Para más información sobre plazos e indemnizaciones: **Reglamento (CE) nº 2560/2001.**

CRONOLOGÍA

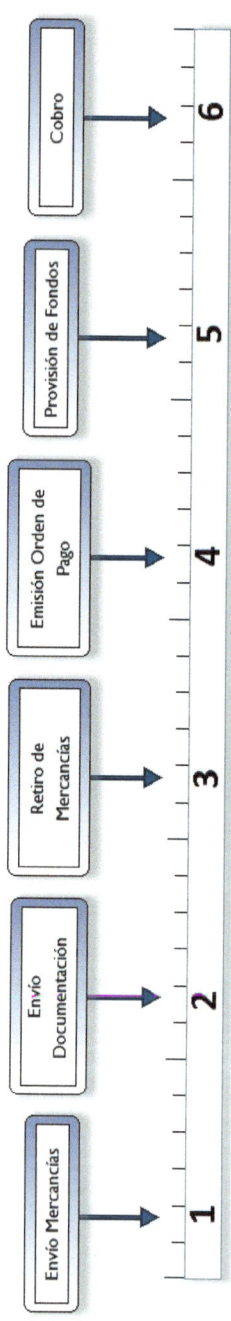

1. Envío de mercancías del exportador al importador
2. Envío directo de documentos representativos de la mercancía (factura, documento de transporte, documento de seguro de transporte, etc.) del exportador al importador.
3. Con los documentos, el importador puede retirar la mercancía de la aduana del país de destino (si la hubiese).
4. El importador emite una O.P.S. a su banco, previa provisión de fondos o autorización para adeudo en cuenta
5. El Banco Emisor realiza la provisión de fondos al Banco Pagador
6. El Exportador cobra, una vez identificado, o el banco ingresa el dinero en su cuenta.

VENTAJAS E INCONVENIENTES PARA EL IMPORTADOR:

- Gran seguridad, ya que no se paga hasta tener la mercancía (o los documentos para retirarla).
- Simplicidad en la gestión
- Coste reducido

VENTAJAS E INCONVENIENTES PARA EL EXPORTADOR:

- Se demuestra confianza hacia el Importador
- Se facilita el pago
- Coste reducido
- Financieramente no es seguro, ya que se depende de la voluntad del Importador para cobrar (se pueden dar "extravíos", retrasos, problemas varios).

COSTES

Los costes de las transferencias emitidas o recibidas; en euros o en divisa extranjera; son fijados por cada banco. Estas cotizaciones se recogen en lo que se denominan Epígrafes (son cambiantes a lo largo del tiempo). A continuación podemos ver un ejemplo del Banco Sabadell de su Epígrafes 90, apartado 2.2.; correspondiente a la parte de transferencias con el exterior en moneda Extranjera:

TRANSFERENCIAS EMITIDAS

Tipo	Cuenta			Caja		
	OUR	BEN	SHA	OUR	BEN	SHA
Emitidas	0,60% Mín. 20,00 €	0,60% Mín. 20,00 €	0,60% Mín. 20,00 €	2,10% Mín. 35,00 €	2,00% Mín. 30,00 €	2,00% Mín. 30,00 €

TRANSFERENCIAS RECIBIDAS

Tipo	Cuenta			Caja		
	OUR	BEN	SHA	OUR	BEN	SHA
Recibidas	Sin comisión	0,40% Mín. 18,00 €	0,40% Mín. 18,00 €	Sin comisión	1,30% Mín. 25,00 €	1,30% Mín. 25,00 €

Estas tarifas llevan asignadas unas tarifas adicionales. En este ejemplo, el Sabadell las recoge en el apartado 2.3. del mismo epígrafe:

2.3. TARIFAS ADICIONALES TRANSFERENCIAS (Al EEE Y AL EXTERIOR)

Entrega de soporte físico - Este servicio se presta al ordenante con el que se ha acordado el tratamiento de las órdenes en soporte magnético cuando no transmite al Banco el fichero normalizado con las órdenes, sino que entrega un soporte magnético físico, que el Banco transmite para su proceso.	Por cada soporte magnético que se transmite desde la sucursal, se cobrará una comisión de 3,5 €
Transferencias urgentes. Aquellas que se ejecutan, siguiendo instrucciones del cliente, en el mismo día para acreditar en la cuenta de la entidad del beneficiario también en el mismo día. Tanto euros como en divisas con destino al EEE y al resto de países, caso de ser posible según mercado de divisas.	comisión adicional 0,10 % Mín. 6 €
Solicitudes de: • anulación, devolución o modificación de transferencias emitidas • información sobre datos relativos al origen, cuando dicha información exceda de los datos que obligatoriamente facilita la entidad. • Información sobre datos relativos a la aplicación, cuando la solicitud se produzca dentro del período comprometido para la emisión o abono de la transferencia.	Comisión única 30 €
Transferencias, nóminas u órdenes de pago emitidas con datos incorrectos o insuficientes. (Previa comunicación y aceptación del cliente). A percibir del ordenante. Esta comisión se percibirá en aquellos casos en que se produzca la omisión o error de alguno de los siguientes datos: • Nombre o razón social del beneficiario. • CCC o IBAN completo y válido del beneficiario. • BIC (Bank Identifier Code) o código Swift, de la Entidad del beneficiario. (Reglamento (CE) 924/2009, del Parlamento Europeo y del Consejo) El Banco se reserva el derecho a aceptar o no la transferencia, a establecer con carácter general o particular un plazo superior de ejecución de la misma y, a percibir la comisión adicional por datos insuficientes o incorrectos, si el cliente no proporciona la totalidad de los datos citados anteriormente.	comisión adicional 18 €
Por transferencias recibidas con gastos BEN o SHA y con datos incorrectos o insuficientes. (Previa comunicación y aceptación del beneficiario). A percibir del beneficiario. En caso de recepción de transferencias, nóminas u órdenes de pago con datos insuficientes o incorrectos, que no permitan su tratamiento automatizado. La entidad se reserva el derecho de devolución. Esta comisión se percibirá en aquellos casos en que se produzca la omisión o error de alguno de los siguientes datos: • CCC o IBAN completo y válido del beneficiario. • BIC (Bank dentifier Code) o código Swift, de la Entidad del beneficiario. (Reglamento (CE) 924/2009, del Parlamento Europeo y del Consejo).	comisión adicional 18 €

Por gastos de SWIFT	15 €
Por gastos de corresponsal en las operaciones con opción OUR	30 €
Por cumplimiento de instrucciones especiales, cuando el ordenante instruye que se realicen acciones especiales de aviso, contacto o comunicaciones especiales con el Beneficiario que impidan el tratamiento automático de la operación.	20 €
Por emisión de justificantes unitarios en transferencias múltiples adicionales a la hoja resumen de liquidación a petición del ordenante.	0.3 €

Además de las tarifas indicadas, se cobrarán en concepto de gastos de correo los que se generen por este concepto en la realización de la operación cuya cumplimentación requiera envío de carta-comunicación.

Se repercutirán al cliente los gastos courier que se generen por este concepto en la realización de las operaciones, siempre que el cliente haya aceptado este sistema de envío.

EJEMPLO:

- El comprador (nosotros) pagamos en dólares al vendedor (chino) con transferencia a cuenta urgente.
- Pago es de 30.209,28 dólares.
- Usaremos los epígrafes del Banco de España y cotizaciones de los bancos.
- Tipo de cambio 1,2372 (EUR/USD).

Concepto	Cantidad	Total
Pago	$30.209,28	$30.209,28
Cambio	1,2372	24.417,46 €

		Coste Fijo Transferencia
Entrega Soporte físico	3,5€ por transferencia	3,5€
Transferencia Urgente	0,1%	24,42 €
Gastos Swift	15€	15 €
TOTAL		42,92 €

	Tarifa	Coste	TOTAL (más fijo)
OUR	0,6% + 30€	176,50 €	219,42 €
BEN	0,6%	146,50€	189,42 €
SHA	0,6%	146,50 €	189,42 €

3 CHEQUE BANCARIO

El Cheque Bancario es un documento financiero que expresa un mandato de pago que permite al librador (emisor) retirar, en su favor o en el de un tercero, los fondos que tiene disponibles en poder del librado (normalmente una entidad bancaria).

Tanto el librador como el librado son entidades bancarias, es decir, es un mandato de pago del Banco librador, contra sus propios fondos, disponibles en sus cajas o en las de otra entidad financiera. Esto le da mayor seguridad de cobro que los cheques personales.

El Cheque Bancario Internacional se emplea para pagos-cobros entre distintos países, pero no supone ninguna peculiaridad conceptual, ni existe ninguna regulación, ni española ni internacional, que contemple ese término específico.

CRONOLOGÍA:

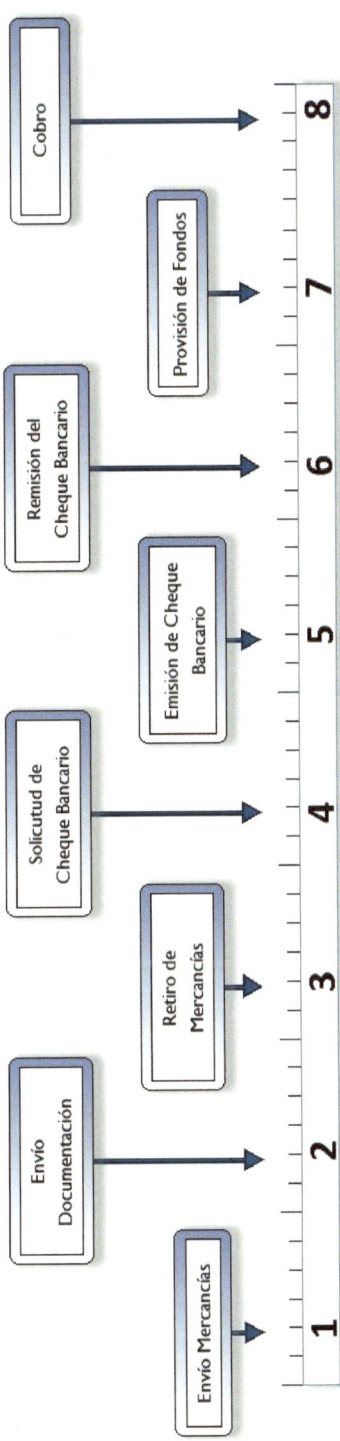

1. Envío de mercancías del exportador al importador.
2. Envío directo de documentos representativos de la mercancía (factura, documento de transporte, documento de seguro de transporte, etc.) del exportador al importador.
3. Con los documentos, el importador puede retirar la mercancía de la aduana del país de destino (si la hubiese).
4. El importador solicita a su banco la emisión de un Cheque bancario, previa provisión de fondos o adeudo en su cuenta.
5. El banco emite el Cheque contra sus propios fondos.
6. El importador remite directamente el Cheque bancario al exportador.
7. El banco hace la provisión de fondos al banco en el que sea pagadero el Cheque. Si el Cheque estuviera emitido en la moneda del Banco librador, el Cheque sería pagadero en sus propias cajas.
8. El exportador cobra contra presentación del Cheque bancario.

VENTAJAS E INCONVENIENTES PARA EL EXPORTADOR:

- Se demuestra confianza hacia el Importador
- Se facilita el pago
- Coste reducido
- Simplicidad en la gestión (el exportador sólo se ocupa de mandar la mercancía y los documentos conforme a lo pactado).
- Seguridad y Liquidez: una vez recibido el cheque se cobrará sin problemas (salvo que sea emitido por un banco con dificultades o en un país con dificultades: riesgo de transferencia y riesgo político).
- Financieramente no es seguro, ya que se depende de la voluntad del Importador para cobrar.
- Posible extravío o falsificación.

VENTAJAS E INCONVENIENTES PARA EL IMPORTADOR:

- Gran seguridad, ya que no se paga hasta tener la mercancía (o los documentos para retirarla).
- Simplicidad en la gestión y coste reducido.
- Coste reducido.

COSTES

A continuación podemos ver como ejemplo los epígrafes referidos a los "Cheques bancarios o de viaje sobre España o el Extranjero, tomados en negociación" (epígrafe 55) y "Emisión de Cheques Bancarios" (epígrafe 53) del Banco Sabadell:

(exportación)
Banco de Sabadell, S.A.

Epígrafe 55

En vigor desde el 09.12.11

Página 1

CHEQUES BANCARIOS O DE VIAJE SOBRE ESPAÑA O EL EXTRANJERO, TOMADOS EN NEGOCIACIÓN

Comisiones

• Abonados en cuenta:	0,6% Mínimo 15,03 EUR
• Liquidados por caja:	1,4% Mínimo 15,03 EUR
• Devolución:	2% Mínimo 18.03 EUR (En caso de devolución por impagado o reclamado)

Nota 1a. Además de las tarifas indicadas, se cobrarán en concepto de gastos de correo los que se generen por este concepto en la realización de la operación cuya cumplimentación requiera envío de carta-comunicación. Los importes por este concepto serán adaptados simultáneamente a cualquier modificación de las tarifas postales.
Se repercutirán al cliente los gastos de courier que se generen por este concepto en la realización de las operaciones, siempre que el cliente haya aceptado previamente este sistema de envío.

Nota 2ª
Cuando corresponda, según la clase de operación, se percibirá por cambio de divisas, la comisión adicional prevista en la Condición General nº 6 del epígrafe 45.

(importación)
Epígrafe 53

EMISIÓN DE CHEQUES BANCARIOS

Comisiones

• Con adeudo en cuenta:	0,50% Mínimo 15 EUR
• Liquidadas por caja:	1,30% Mínimo 21 EUR
• Tramitación "Stop-Payment"	36 EUR

EJEMPLO

Mismo escenario que en la orden de pago simple, solo que usamos un cheque para efectuar el pago (epígrafe 53):

Concepto	Cantidad	Total
Pago	$30.209,28	$30.209,28
Cambio	1,2372	24.417,46 €

		Coste
Abonados en Cuenta	0,5%	122,09€
Liquidados en Caja	1,3%	317,43€

4 CHEQUE PERSONAL

Es el cheque en el que el librador (emisor) no es una entidad bancaria y el librado sí. La disposición de fondos se hace contra una cuenta corriente que el emisor tiene abierta en la entidad librada. Es el más habitual en operativa nacional que en internacional.

CRONOLOGÍA:

Sigue la misma cronología que en el caso del cheque bancario:

1. Envío de mercancías del exportador al importador.
2. Envío directo de documentos representativos de la mercancía (factura, documento de transporte, documento de seguro de transporte, etc.) del exportador al importador.
3. Con los documentos, el importador puede retirar la mercancía de la aduana del país de destino (si la hubiese).
4. El importador emite un Cheque Personal y 1 envía al exportador
5. El exportador presenta el Cheque Personal del importador al cobro.
6. El Banco pagador remite el Cheque, en gestión de cobro, al Banco librado.
7. Si es conforme (dispone de saldo suficiente), el Banco librado hace la provisión de fondos al Banco pagador
8. El exportador recibe el importe del Cheque personal.

VENTAJAS E INCONVENIENTES PARA EL EXPORTADOR:

- Se demuestra mucha confianza hacia el Importador
- Se facilita muchísimo el pago
- Financieramente es el más inseguro, ya que se depende de la voluntad del Importador, tanto para la recepción del cheque como para cobrarlo más tarde (disponibilidad de fondos en la cuenta del Importador).
- Posible extravío o falsificación.
- Coste más caro que el del Cheque Bancario; debido principalmente a la gestión del cobro.
- Tiempo de tramitación superior, debito también a la gestión del cobro.
- No es fácil obtener financiación bancaria con este efecto (debido a su inseguridad de cobro).
- Extravío, falsificación, etc.
- Posible problema con la Normativa de Control de Cambios de algunos países (normativa que regula el mercado de divisas).

VENTAJAS E INCONVENIENTES PARA EL IMPORTADOR:

- Gran seguridad, ya que no se paga hasta tener la mercancía (o los documentos para retirarla).
- Alta Simplicidad en la gestión.
- Coste muy reducido; casi inexistente (en la emisión).
- Retiene los fondos en su cuenta hasta que se presente el cheque a cobro.
- Posible coste debido a las comisiones algo elevadas al venir el Cheque en gestión de cobro.

COSTES

Los costes de los cheques personales son fijados por cada banco. Estas cotizaciones se recogen en lo que se denominan Epígrafes (son cambiantes a lo largo del tiempo). A continuación podemos ver un ejemplo del Banco Sabadell y su epígrafe 56: Cheques personales sobre el extranjero y eurocheques no garantizados tomados en negociación":

Banco de Sabadell, S.A.

Epígrafe 56

En vigor desde el 09.12.11

Página 1

CHEQUES PERSONALES SOBRE EL EXTRANJERO Y EUROCHEQUES NO GARANTIZADOS TOMADOS EN NEGOCIACIÓN

Comisiones

- Abonados en cuenta: 1% Mínimo 15,03 EUR
- Liquidados por caja: 1,8% Mínimo 30,00 EUR
- Devolución: 2% Mínimo 18,03 EUR (En caso de devolución por impagado o reclamado)

En la negociación de cheques, además de las comisiones tarifadas, se aplicarán intereses por el período comprendido entre la fecha de valor de la liquidación del banco y la del abono en cuenta del corresponsal.

Nota 1a.
Además de las tarifas indicadas, se cobrarán en concepto de gastos de correo los que se generen por este concepto en la realización de la operación cuya cumplimentación requiera envío de carta-comunicación. Los importes por este concepto serán adaptados simultáneamente a cualquier modificación de las tarifas postales.
Se repercutirán al cliente los gastos de courier que se generen por este concepto en la realización de las operaciones, siempre que el cliente haya aceptado previamente este sistema de envío.

EJEMPLO

Mismo escenario que en el cheque bancario:

Concepto	Cantidad	Total
Pago	$30.209,28	$30.209,28
Cambio	1,2372	24.417,46 €

		Coste
Abonados en Cuenta	1%	244,17€
Liquidados en Caja	1,8%	439,51 €

5 ORDEN DE PAGO DOCUMENTARIA

Es el mandato de pago condicionado a la entrega por el beneficiario (exportador), de unos determinados documentos representativos de la mercancía.

Se trata de un Medio de cobro documentario, puesto que en él se mueven por vía bancaria documentos financieros y comerciales (factura, el documento de transporte, el de seguro de transporte, etc.)

En la práctica, se utiliza muy poco en el comercio internacional, fundamentalmente por no contar con una regulación internacional detallada de su funcionamiento y de las obligaciones de las partes, incluidas las bancarias. Y el segundo motivo es que al ser un medio documentario es relativamente caro.

CRONOLOGÍA:

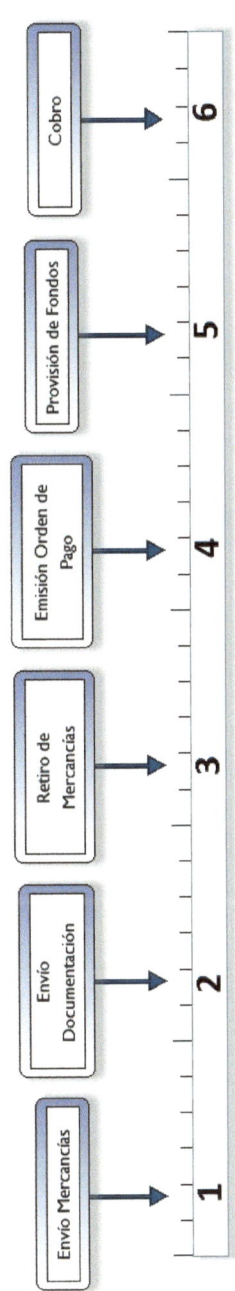

1. El importador da la Orden de pago (previa provisión de fondos o autorización de adeudo en su cuenta), junto con las instrucciones para el pago el exportador.
2. El Banco emisor, transmite la Orden con provisión de fondos e instrucciones para el pago.
3. El Banco pagador comunica la existencia de la Orden y su condicionado para el pago.
4. El exportador envía la mercancía al importador.
5. El exportador entrega los documentos exigidos en el condicionado al Banco pagador.
6. El banco paga al exportador, si se han cumplido adecuadamente las instrucciones señaladas por el importador.
7. El Banco pagador remite los documentos recibidos al Banco emisor.
8. El Banco emisor entrega los documentos al importador.
9. El importador retira la mercancía de la aduana, presentando los documentos representativos de la mercancía.

VENTAJAS E INCONVENIENTES PARA EL EXPORTADOR:

- Ventajoso, ya que al mandar la mercancía ya cuenta con una acción de pago del importador, y depende de sí mismo (de la presentación de los documentos exigidos) para cobrar.
- Además, el banco que analizará la adecuación de los documentos presentados, será su propio banco.
- El coste es medio; mucho más alto que los medios vistos hasta ahora.

VENTAJAS E INCONVENIENTES PARA EL IMPORTADOR:

- Es una buena forma para "suavizar" un pago anticipado puro y duro cuando lo exige el exportador. De este modo, envía el dinero, pero condicionando su entrega a que el exportador proporcione a su vez ciertos documentos.

COSTES

Los costes de las Órdenes de Pago Documentarias son fijados por cada banco. Según sea sobre el exterior (pago) o del exterior (cobro), tenemos diferentes costes. En el siguiente ejemplo, podemos ver el epígrafe 52 del Banco Sabadell, correspondiente a los pagos sobre el extranjero:

CRÉDITOS SIMPLES Y DOCUMENTARIOS, ACEPTACIONES Y ÓRDENES DE PAGO DOCUMENTARIAS SOBRE EL EXTRANJERO

Comisiones

ESPECIFICACIÓN	COMISIÓN
Estudio:	0,40% sobre el nominal, Mínimo 50 EUR, a percibir por una sola sobre el principal o límite de crédito.
Apertura	Solicitud efectuada por banca electrónica: 0,70% Mínimo 75 EUR por operación concedida amparada por el límite de crédito.
	Resto de solicitudes: 0,85% Mínimo 75 EUR por operación concedida amparada por el límite de crédito.
Irrevocabilidad:	0,25% trimestral, Mínimo 50 EUR.
Pago diferido:	0,50% trimestral, Mínimo 50 EUR.
Modificación:	50 EUR.

EJEMPLO:

Compramos en dólares a un vendedor chino. Forma de pago: orden documentaria simple, tramitada electrónicamente, por un importe de 30.209,28 dólares, no irrevocable y sin diferimiento.

Como es una emisión sobre el exterior (pago), usaremos el epígrafe 52:

Concepto	Cantidad	Total
Pago	$30.209,28	$30.209,28
Cambio	1,2372	24.417,46 €

Concepto	Tarifa	Coste
Estudio	0,4%	97,67 €
Apertura	0,7%	170,92 €
Irrevocabilidad	0,25%	0 €
Pago diferido	0,50%	0 €
TOTAL		268,59 €

6 REMESA DOCUMENTARIA

Son instrucciones que el exportador da a su entidad bancaria, para que gestione el cobro de una venta. La instrucción va acompañada por unos documentos (comerciales, financieros, o ambos), que se entregarán al importador, de acuerdo a las indicaciones transmitidas.

La Remesa Documentaria es aquella Remesa en que las instrucciones van acompañadas de documentos de tipo comercial, a los que se pueden agregar (o no) documentos de tipo financiero.

En inglés es Documentary Collection, también es frecuente referirse a ella con las siglas CAD (Cash Against Documents), o bajo la denominación de pago contra documentos.

Los documentos de tipo comercial más habituales que se pueden incluir en la Remesa son:

- Factura comercial.
- Documento de transporte de la mercancía.
- Documento de seguro de transporte.
- Otros:
  o Relación de contenido (packing-list)
  o Certificado de origen u otros certificados.
  o Documentos financieros: Letra de cambio (predominantemente) o Recibo.

Encontramos dos modalidades principales:

- Delivery Against Documents (D/P) o Contra Pago. Los documentos se entregan contra el pago, por el comprador, del importe de la operación.

- Delivery against acceptance (D/A) o Contra Aceptación. Los documentos se entregan contra la aceptación, por el importador, de un efecto financiero (generalmente una letra de cambio) con vencimiento aplazado, que acompaña a la Remesa. Ésta aceptación puede ir acompañada, si así se solicita, de un aval bancario.

Las Remesas tienen regulación internacional, concretamente las Reglas Uniformes relativas a las Cobranzas, de la Cámara de Comercio Internacional (CCI). La última versión es la publicación 522 de la CCI, 1995.

Esta regulación no es de obligado cumplimiento; sino que se debe hacer constar la sujeción a estas Normas para que les sean de aplicación.

CRONOLOGÍA:

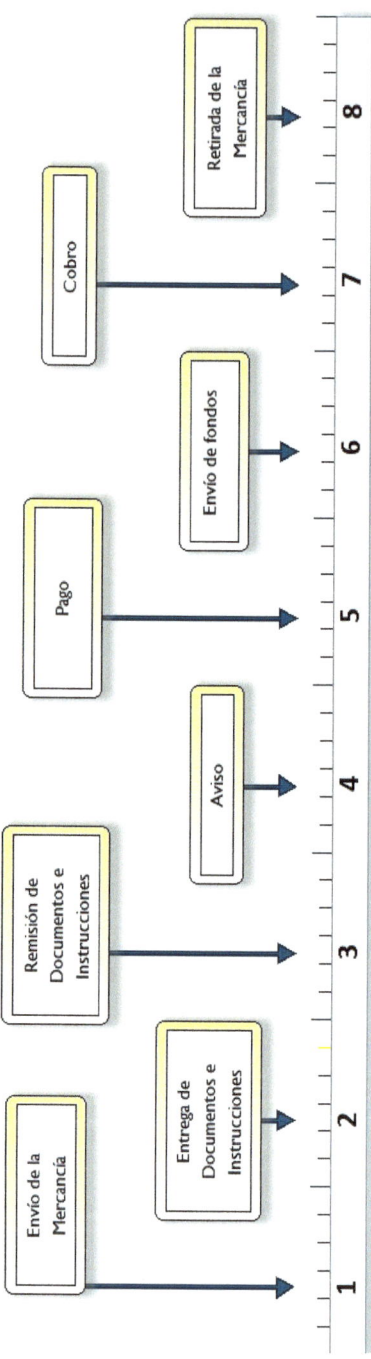

1. Envío de mercancía del exportador al importador.
2. Entrega a su entidad bancaria de los Documentos representativos de la mercancía (factura, documento de transporte, documento de seguro de transporte, etc.) y las Instrucciones de qué hacer con ellos. Ambos, conjuntamente, constituyen la Remesa, y el banco recibe la denominación de Banco remitente.
3. El banco del exportador remite los Documentos e Instrucciones al Banco presentador (normalmente el banco del importador).
4. El Banco presentador avisa al Importador de la existencia de la Remesa.
5. El importador paga y el banco le entrega los documentos cumpliendo las Instrucciones de la Remesa que ha dado el exportador. En la Remesa contra aceptación, el importador acepta la letra que se acompaña, y se le entregan los documentos.
6. El Banco presentador envía los fondos al Banco remitente.
7. El exportador cobra el importe de la Remesa.
8. Con los documentos, el importador puede retirar la mercancía.

VENTAJAS E INCONVENIENTES PARA EL EXPORTADOR:

- Aporta seguridad, ya que no se entrega el control de la mercancía hasta que el importador paga.
- Si la remesa es contra aceptación se puede conseguir financiación del banco del exportador hasta el momento del pago efectivo.
- Hay un banco en el país del importador que se encarga de realizar este trámite de entrega de documentos contra pago, con arreglo a unas normas internacionales detalladas (si se han reflejado en el condicionado).
- Coste bancario elevado.
- La gestión de cobro es relativamente compleja, teniendo que enviar los Documentos y las Instrucciones a través de los bancos (lo cual influye en el coste).
- Demuestra desconfianza hacia el importador, al condicionar la entrega de la mercancía (la documentación que permite retirarla) al pago o la aceptación de un efecto bancario.

Manuel Vera López

- Posibilidad de que el Importador no se presente a pagar o aceptar el efecto para retirar los documentos.

VENTAJAS E INCONVENIENTES PARA EL IMPORTADOR:

- Le permite salvar la desconfianza del vendedor que, en otro caso, puede que no le vendiera o le exigiera un pago anticipado.
- Obtiene generalmente un aplazamiento del pago (en el caso de aceptación de letra con vencimiento aplazado).
- Coste elevado.
- Gestión relativamente compleja para hacerse con la mercancía.
- Existe un riesgo sobre la mercancía. Ya que aunque se pueden comprobar los Documentos en el Banco presentador, no puede retirar la mercancía (ni, por tanto, analizar la mercancía y ver si se ajusta a lo pedido) hasta que no ha pagado o aceptado los efectos bancarios.

COSTES

Los costes de las Remesas son fijados por cada banco en sus correspondientes epígrafes. Veamos el ejemplo de Caixabank, en sus Epígrafes 53: "Remesas simples o documentarias sobre España en Negociación o en Gestión de Cobro" (cuando cobramos) y el Epígrafe 56: Remesas simples o documentarias sobre el Extranjero en Negociación o en Gestión de Cobro" (cuando pagamos):

EPÍGRAFE 56   Pág.1

REMESAS SIMPLES Y DOCUMENTARIAS SOBRE EL EXTRANJERO EN NEGOCIACIÓN O EN GESTIÓN DE COBRO

Clase de Operación	Comisiones			
	Por cobro o negociación		Por devolución	
	%	Mínimo	%	Mínimo
Remesas simples	1,25	50,00 €	1,10	40,00 €
Remesas documentarias	1,50	60,00 €	1,30	45,00 €

Además de las que corresponda según la clase de operación se percibirá por cambio de divisa (condición general nº 6)	Comisión	
	%	Mínimo
Cambio de divisa	3,00	6,01 €

28

Medios de pago en el Comercio Internacional

REMESAS SIMPLES Y DOCUMENTARIAS SOBRE ESPAÑA EN NEGOCIACIÓN O EN GESTIÓN DE COBRO

A PERCIBIR, SÓLO CUANDO EL COBRO / REMESAS CONDICIONE QUE LOS GASTOS Y COMISIONES NO SON A CARGO DEL CEDENTE:

Clase de Operación	Comisión	
	%	Mínimo
Comisión de cobro o negociación de remesas documentarias (a percibir sólo cuando la remesa vaya acompañada de documentos)	1,10	45,00 €
Comisión de cobro o negociación de remesas simples (a percibir sólo cuando la remesa no vaya acompañada de documentos)	1,00	45,00 €
Comisión por aplazamiento, demora o prórroga (mensual) (1)	0,10	25,00 €
Comisión de aceptación de remesas simples o documentarias (2)	0,15	30,00 €

(1) Se percibirá a partir de los 30 días naturales de su presentación al librado en las remesas a la vista y de los 30 días naturales a partir del vencimiento en las remesas con pago diferido.

(2) Se aplicará en el caso que se presente una letra al librado para su aceptación o en el caso que se obtenga del librado un compromiso irrevocable de pago.

EJEMPLO

Continuamos con nuestro ejemplo anterior. Pero en este caso, como forma de pago a nuestro vendedor, abrimos una remesa documentaria en euros. Usamos una cuenta que tenemos en dólares, para ahorrarnos la comisión por cambio:

Concepto	Cantidad	Total
Pago	$30.209,28	$30.209,28
Cambio	1,2372	24.417,46 €

Concepto	Tarifa	Coste
Por cobro (RD)	1,5%	366,26 €
Cambio de Divisa	3%	0 €
	TOTAL	366,26 €

29

7 REMESA SIMPLE

Es el medio de pago en que las Instrucciones van acompañadas, exclusivamente, de documentos de tipo financiero. Entre los documentos más habituales que se pueden encontrar están la Letra de Cambio, el Recibo y el Pagaré

Podemos encontrar dos modalidades principales:

- Contra pago (D/P). El documento se entrega contra el pago, por el importador, por el importe de la operación.
- Contra aceptación (D/A).El documento se le presenta al importador para su aceptación (mediante su firma) y no se le entregará hasta el momento en que, al vencimiento, efectúe su pago.

En algunos países es posible utilizar un tipo de remesas, denominadas Remesas Electrónicas. Las Letras no se envían físicamente sino que se gestiona su cobro a través de sistemas informáticos. Este es el caso, por ejemplo, de Francia (sistema LCR), Italia (sistema RI.BA) y Portugal (sistema E.I.C.).

Las Remesas tienen regulación internacional. Concretamente las Reglas Uniformes relativas a las Cobranzas, de la Cámara de Comercio Internacional (CCI). La última versión es la publicación 522 de la CCI, 1995.

Esta regulación no es de obligado cumplimiento; sino que se debe hacer constar la sujeción a estas normas para que les sean de aplicación.

CRONOLOGÍA:

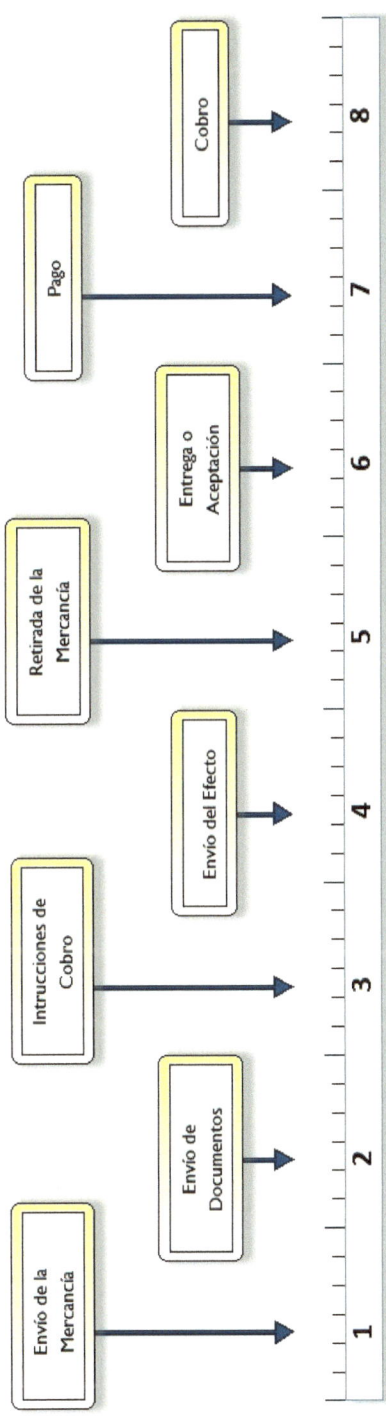

1. Envío de mercancía del exportador al importador.
2. Envío directo de documentos representativos de la mercancía del exportador al importador.
3. El exportador entrega a su banco, el Banco remitente, un efecto financiero (de los señalados al principio) y unas Instrucciones de cobro. Ambos conjuntamente, efecto e Instrucciones, constituyen la Remesa.
4. El Banco remitente envía el efecto financiero y las Instrucciones al Banco presentador (banco del importador).
5. Cuando recibe los documentos comerciales, el importador puede retirar la mercancía de su aduana.
6. El efecto financiero es entregado al importador contra el cumplimiento de las Instrucciones de la Remesa (cuando hay aplazamiento de pago, el efecto es presentado primero a la aceptación del comprador, que luego lo pagará al vencimiento).
7. El Banco presentador efectúa el pago al Banco remitente.
8. El exportador cobra el importe de la Remesa.

VENTAJAS E INCONVENIENTES PARA EL EXPORTADOR:

- No demuestra desconfianza hacia el comprador y, además, le concede generalmente un aplazamiento del pago.
- Facilidad para obtener financiación del Banco remitente durante el período de aplazamiento, mediante el descuento del efecto.
- Financieramente inseguro: queda pendiente de la voluntad del comprador de aceptar o pagar el efecto financiero.
- Coste relativamente elevado, aunque menor que la remesa documentaria.
- Posibilidad de problemas de ejecutividad del efecto financiero si no está debidamente emitido o timbrado con arreglo a las normas del país en que debe pagarse (o la firma fuese falsa o no tuviese poderes el firmante).
- Gestión de cobro relativamente compleja, teniendo que preparar el efecto financiero y las instrucciones para entregar al Banco Remitente.

VENTAJAS E INCONVENIENTES PARA EL IMPORTADOR:

- Seguridad: puede no pagar o no aceptar el efecto hasta que no recibe la mercancía, comprobando su idoneidad.
- Obtiene generalmente un aplazamiento del pago.
- Coste relativamente elevado, aunque menor que la remesa documentaria.
- Una vez correctamente emitida y aceptada la letra, quedará vinculado al pago con arreglo a la normativa del país de cobro.

COSTES:

Al igual que para las remesas documentarias, las remesas simples tienen diferentes costes según sean para importación o exportación. Vienen recogidas en el mismo epígrafe que las remesas documentarias (ver capítulo anterior 6 Remesas Documentarias, COSTES).

EJEMPLO:

Al igual que la en el ejemplo de la remesa documentaria, la operación es la misma. Los costes serían:

Concepto	Cantidad	Total
Pago	$30.209,28	$30.209,28
Cambio	1,2372	24.417,46 €

Concepto	Tarifa	Coste
Por cobro (RD)	1,25%	305,22 €
Cambio de Divisa	3%	0 €
TOTAL		305,22 €

8 CRÉDITO DOCUMENTARIO

Ya que el crédito documentario suele ser un poco confuso y difícil de entender, vamos a cambiar un poco los términos que habíamos usado hasta ahora.

Por ello hablaremos de comprador (importador) y de vendedor (exportador). Los otros actores que intervendrán serán:

Banco Emisor: el banco del comprador/importador.

Banco Avisador/Notificador: el banco del vendedor/exportador/beneficiario.

Banco Confirmador: el banco del vendedor o un tercer banco.

CONCEPTO DE CRÉDITO DOCUMENTARIO

Es el compromiso de un banco (el del comprador) de pagar a un Beneficiario (al vendedor), cuando éste cumpla determinadas condiciones (la presentación de ciertos documentos, en determinados plazos). El banco abre el compromiso a instancias del comprador (también conocido como ordenante).

REGULACIÓN INTERNACIONAL

Reglas y Usos Uniformes relativos a los Créditos documentarios, de la Cámara de Comercio Internacional, puestas al día periódicamente. Última versión: publicación 600 de la CCI, que entró en vigor el primero de julio de 2007. Para que sean aplicables, debe estar mencionado en la comunicación de apertura del Crédito documentario.

Hay varios tipos de Créditos documentarios. Podemos

clasificarlos atendiendo a cinco criterios:

1. **Compromiso asumido por el Banco Emisor:**
   - Revocable: cualquiera de las partes puede modificarlo o incluso cancelarlo (no se utiliza).
   - Irrevocable: una vez emitido y avisado, no se puede ni modificar ni cancelar. La legislación aplicable indica que los créditos documentarios son irrevocables a no ser que se indique expresamente lo contrario.

2. **Plazo de Pago:**
   - A la vista (at sight): el pago se realiza a la presentación de documentos, dentro del plazo de validez del crédito.
   - Aplazado: se concede un aplazamiento en el pago a la presentación de documentos. Debe estar recogido en el condicionado.

3. **Según Utilización:**
   - Pago: el exportador percibe el importe contra presentación de documentos conformes.
   - Aceptación: el exportador entrega junto con los documentos exigidos, una letra de cambio librada con vencimiento aplazado y girada contra el banco emisor o el confirmador si lo hubiese. El banco tiene la obligación de aceptarla si los documentos presentados son conformes.
   - Negociación: el exportador, presenta una letra de cambio girada a cargo del banco confirmador o emisor (según exista o no el primero). El banco tiene la obligación de descontar la letra contra presentación de documentos conformes y sin recurso contra el exportador (no se le puede pedir de vuelta en caso de impago).

4. **Según el lugar de cobro:**
   - Pagadero en las cajas del banco emisor: el exportador presenta los documentos en el banco emisor a través del banco notificador.
   - Pagadero en las cajas del banco intermediario. Que a su vez puede ser:

- Con recurso, si el banco intermediario no es el banco confirmador (lo veremos ahora).
- Sin recurso, si el banco intermediario es también el banco confirmador.

5. **Compromiso asumido por el Banco Avisador:**
   - Confirmado: el crédito lo confirma el banco del vendedor o un tercero; pero siempre ajeno al banco emisor (del comprador).
   - No confirmado: cuando el crédito no es confirmado, el banco intermediario solamente tiene las siguientes obligaciones:
   - Verificar la autenticidad del crédito.
   - Avisar o Notificar al beneficiario (el exportador, que será su cliente) de la apertura del crédito.
   - Recibir en su momento los documentos del exportador y enviarlos al banco emisor (el del importador/comprador).
   - Pagar al beneficiario (exportador) cuando reciba el reembolso del banco emisor (si el crédito es pagadero en las cajas del banco avisador).

¿QUÉ ES Y CUÁNDO SE REALIZA LA CONFIRMACIÓN?

Se confirma cuando el banco del comprador es un banco poco conocido, se tienen dudas sobre su solvencia o es de un país con riesgo. Imaginemos Somalia, existe riesgo de que el banco somalí no pueda afrontar el pago llegado el momento; ya que existe riesgo político, extraordinario y económico. Pero, ¿y si el pago lo confirma un banco francés que trabaja con el banco somalí? Confirmarlo quiere decir que será el banco francés el que afrontará el pago; y ya será él el que le pida el dinero al banco somalí.

Confirmar añade coste, y entre bancos conocidos no es necesario; pero es muy útil con bancos desconocidos o de países con riesgo político.

¿Cómo encaja la confirmación en la operativa del crédito documentario?

SECUENCIA DE LA CONFIRMACIÓN:
   6. El exportador solicita la confirmación al importador.

7. El importador, al pedir a su banco la apertura del crédito, le transmite la exigencia del exportador.

8. El banco del importador (emisor), cuando envía el crédito al banco intermediario (del exportador) para que avise a su cliente, termina el texto con la frase "rogamos añadan su confirmación".

9. El banco intermediario estudia el riesgo; ya que si confirma será él el que tendrá que pagar al exportador y asumir el riesgo de la operación.

10. El banco puede:

- **No confirmar** (debe comunicárselo lo antes posible al banco emisor). Sería simplemente el banco intermediario / avisador.

- **Confirmar** (se convierte en banco confirmador y pasa a comunicárselo al beneficiario, es decir, al exportador).

- **Confirmar con un seguro a la Exportación** (por ejemplo CESCE). Esta aseguradora (en este caso CESCE) asumiría el riesgo país, aunque no el riesgo de insolvencia del banco emisor.

Todos los documentos pactados entre comprador y vendedor (sean comerciales o financieros) se encuentran recogidos en el condicionado del crédito documentario.

Este medio de pago no deja de ser gestión de documentos; por tanto es muy importante saber que no podemos exigir nada que no sean documentos.

Por ejemplo; no podemos exigir (si estamos comprando manzanas) que sean todas y cada una de un calibre "x"; pero si podemos exigir al vendedor que adjunte un certificado de calidad emitido por una empresa internacional que acredite que el calibre de la fruta es "x" (más menos su rango de error).

Es responsabilidad de los bancos revisar toda la documentación.

CRONOLOGÍA

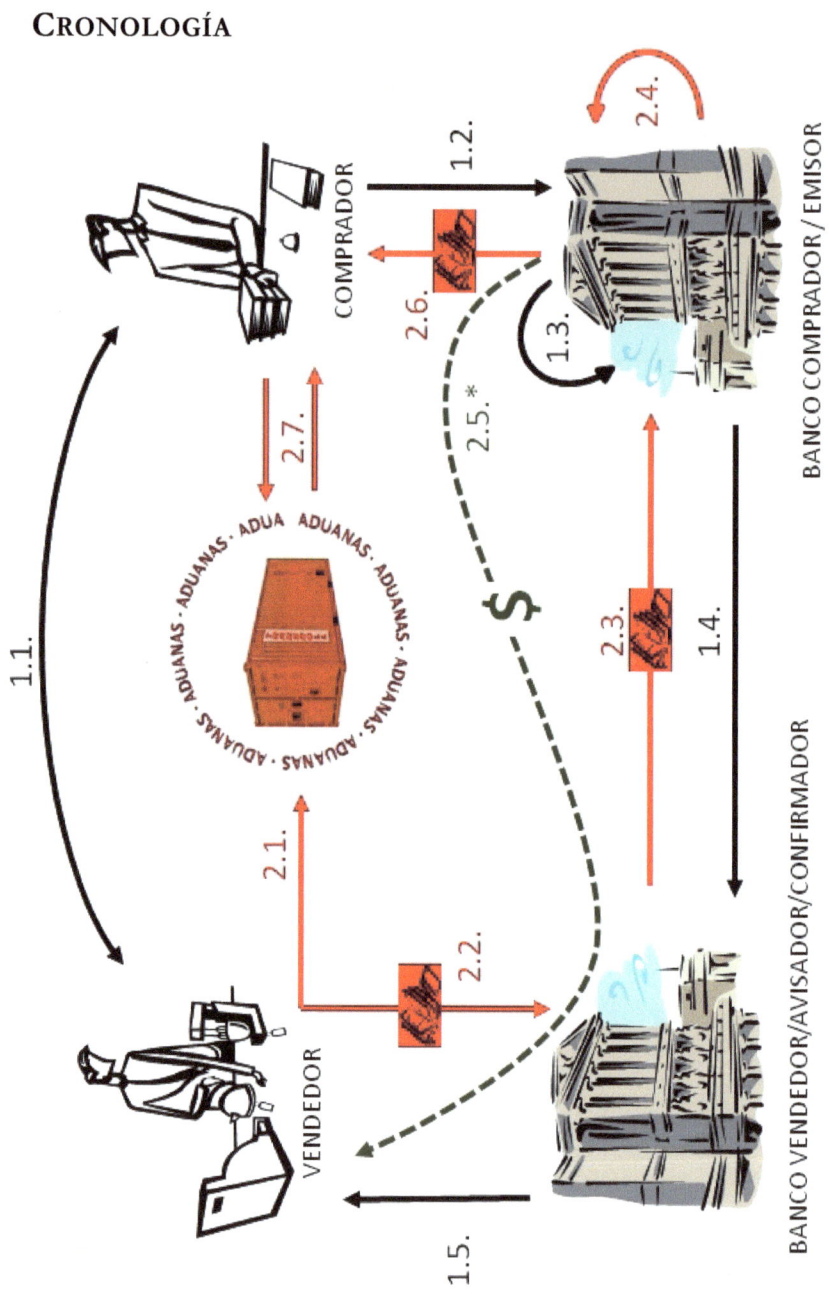

* 2.5. La ruta de la provisión de fondos dependerá de si el banco avisador es también confirmador o no. Y de si es pagadero en la oficinas de banco emisor, del banco del vendedor o de un tercero.

38

APERTURA

1.1. El vendedor y el comprador (exportador e importador), pactan que, como medio de pago de la operación, se realice un Crédito documentario.

1.2. El comprador se dirige a su entidad bancaria para solicitarle la apertura de un Crédito documentario a favor del exportador, indicando los términos y estipulaciones de éste que haya pactado con el vendedor.

1.3. El banco del comprador analiza la operación y el riesgo que deberá asumir y decide, en su caso, si aceptar o no la solicitud de su cliente.

1.4. Una vez decidido, comunica la apertura del Crédito documentario al vendedor. Esto lo realiza a través de otro banco. (Habitualmente el del vendedor).

1.5. El banco que ha recibido la comunicación de apertura, notifica al vendedor (Beneficiario) la apertura del Crédito documentario a su favor y las condiciones para su utilización, convirtiéndose en Banco avisador. Si lo confirma será también Banco Confirmador.

UTILIZACIÓN

2.1. Envío de la mercancía del exportador a su cliente.

2.2. El exportador entrega los documentos representativos de la mercancía (factura, documento de transporte, documento de seguro, etc.) al Banco avisador.

2.3. El Banco avisador envía los documentos al Banco emisor.

2.4. El Banco emisor analiza los documentos y si éstos cumplen el condicionado del Crédito documentario, hace frente a sus compromisos de pago en los términos establecidos en el condicionado.

2.5. El exportador (Beneficiario), recibe los fondos correspondientes a la mercancía enviada.

2.6. El Banco emisor entrega los documentos representativos de la mercancía al comprador (Ordenante), contra el pago o condiciones pactadas.

2.7. Con los documentos, el comprador puede retirar la mercancía de la aduana.

Ventajas para el Vendedor

- El más seguro financieramente: supone un compromiso de pago de gran valor y certeza, por ser:
  o Bancario.
  o Anterior al envío de la mercancía (incluso, puede ser previo a la fabricación).
  o El vendedor depende de sí mismo al estar el condicionamiento cerrado y conocido.

Inconvenientes para el Vendedor

- Coste elevado (el mayor de los distintos medios de cobro).
- Gestión de cobro compleja (la más compleja) teniendo que preparar, con exactitud, los documentos exigidos y cumplir los plazos previstos.
- Desde el punto de vista comercial, se demuestra clara desconfianza hacia el comprador al condicionar la venta a la existencia de un Compromiso de pago bancario y previo.
- Posibilidad de que el vendedor no presente adecuadamente los documentos que le permiten cobrar.
- Falta de agilidad por las distintas gestiones: el exportador debe esperar la apertura, después preparar los documentos y esperar el análisis bancario y el pago.

Ventajas Para El Comprador:

- Salva la barrera de la desconfianza, y es una buena forma de evitar un pago por anticipado.
- Paga sólo y exclusivamente contra la entrega de documentos (en plazo y forma) que le garanticen que la mercancía recibida sea la adecuada y en los tiempos comerciales previstos.
- El banco no paga si los documentos y los plazos no se cumplen según lo previsto.

Inconvenientes Para El Comprador:

- Conseguir que un banco emita el Crédito Documentario, debido al compromiso que supone.
- Coste muy elevado, en torno al uno por mil del valor de la factura.
- Sigue existiendo un cierto riesgo sobre la mercancía, ya que el

pago se realiza contra documentos, y es posible que la mercancía no se ajuste a lo descrito en los mismos.

- Tiene la gestión más compleja desde el punto de vista del comprador de los medios de pago existentes.
- Falta de agilidad, y más si empiezan a darse No Conformidades. Lentitud en las diferentes etapas de gestión (apertura, comprobación de documentos, presentación de documentos, comunicación, etc.)

Como conclusión decir que es un gran medio de pago; que si combinamos con algunas precauciones nos asegura el cobro si somos el vendedor y la recepción de la mercancía (sin sorpresas) si somos el comprador.

Eso sí, es el más caro comparativamente hablando, pero una vez abierto (de forma irrevocable) la seguridad es muy alta para las dos partes.

MODELO:

SOLICITUD EMISION CREDITO DOCUMENTARIO IRREVOCABLE

PAG. 1/2

	CIUDAD				CUENTA CORRIENTE / AHORROS No.		
	FECHA						
AAAA	MM	DD					
40 A	FORMA DEL CREDITO:	☐ INTRANSFERIBLE			☐ TRANSFERIBLE		
20	REFERENCIA (Uso exclusivo del Banco)		31 D	VALIDO HASTA	DIAS FECHA DE EMISION		
50			ORDENANTE				
NOMBRE O RAZON SOCIAL:					C. C. / NIT.:		
DIRECCION:				TELEFONO:		FAX:	
59			BENEFICIARIO				
NOMBRE O RAZON SOCIAL:							
DIRECCION:							
CORREO ELECTRONICO:			TELEFONO:		CIUDAD Y PAIS:		
		CONDICIONES DEL CREDITO					
32 B	MONEDA			VALOR EN NUMEROS			
39 B	PERMITE TOLERANCIA HASTA DE	% MAS O MENOS					
FORMA DE PAGO:	☐ A LA VISTA ☐ PAGO DIFERIDO ☐ POR ACEPTACION		A	DIAS FECHA DOCUMENTO DE TRANSPORTE		☐ PAGO MIXTO	
CONDICIONES DE EMBARQUE							
43 P	EMBARQUES PARCIALES ☐ PERMITIDOS ☐ NO PERMITIDOS		43 T	TRANSBORDOS ☐ PERMITIDOS ☐ NO PERMITIDOS			
44 A	PUERTO DE EMBARQUE:		44 B	PUERTO DE DESTINO:			
44 C	FECHA LIMITE DE EMBARQUE:						
45 A	DESCRIPCION BREVE DE LA MERCANCIA:						
REGISTRO (S) DE IMPORTACION No. (S)							
TERMINO DE NEGOCIACION:	☐ F.O.B. ☐ C.I.F.	☐ C.F.R.	☐ F.C.A. ☐ OTRO				

Manuel Vera López

46 A	DOCUMENTOS REQUERIDOS PARA EL PAGO			
	DESCRIPCION	CANTIDAD		☐ CONOCIMIENTO DE EMBARQUE MARITIMO ☐ GUIA AEREA LIMPIO A BORDO
		ORIGINAL	COPIAS	☐ CARTA PORTE INTERNACIONAL POR ☐ OTRO CARRETERA
	FACTURA COMERCIAL FIRMADA			CONSIGNADO A LA ORDEN DE :
	DOCUMENTO DE TRANSPORTE			
	LISTA DE EMPAQUE			
	CERTIFICADO DE ORIGEN			NOTIFICAR A:
	CERTIFICADO DE ANALISIS			
	POLIZA DE SEGURO			MARCANDO FLETES: ☐ AL COBRO ☐ PREPAGADOS
	CARTA AVISO DE EMBARQUE			NOMBRE Y DIRECCION CIA. ASEGURADORA:
				COPIA CARTA DE REMISION DE DOCUMENTOS ORIGINALES, ENVIADOS POR:
				☐ BANCO CORRESPONSAL A BANCO GNB SUDAMERIS
				☐ BENEFICIARIO AL ORDENANTE
				(REMITIDOS POR D.H.L. O CURRIER EQUIVALENTE)
47 A	CONDICIONES ADICIONALES			
71 B	TODOS LOS GASTOS Y COMISIONES FUERA DE COLOMBIA SON POR CUENTA DE: ☐ ORDENANTE ☐ BENEFICIARIO			
48	SE ACEPTAN DOCUMENTOS CON MAS DE 21 DIAS DESPUES DE LA EMISION DEL DOCUMENTO DE TRANSPORTE, PERO DENTRO DE LA			
	VALIDEZ DEL CREDITO: ☐ SI ☐ NO			
49	INSTRUCCIONES DE CONFIRMACION: ☐ CONFIRMADA ☐ AVISADA			
	SOLICITAMOS FINANCIACION A DIAS FECHA DOCUMENTO DE TRANSPORTE, O DIAS VENCIMIENTO ACEPTACION O PAGO DIFERIDO			
	MONEDA FINANCIACION: ☐ SIN FINANCIACION			

CONDICIONES GENERALES PARA LA EMISION DE CREDITOS DOCUMENTARIOS

PAG. 2/2

1. El Banco no asume ninguna obligación ni responsabilidad en cuanto a las consecuencias derivadas de la demora y/o pérdidas que pudieran sufrir en su transmisión cualesquiera despachos, cartas o documentos, ni en cuanto al retraso, mutilación y otros errores que se puedan producir en la transmisión de cables, telegramas o télex.

2. El Banco no asume ninguna obligación ni responsabilidad en cuanto a la forma, suficiencia, exactitud, autenticidad, falsificación o valor legal de documento alguno, ni en cuanto a las condiciones generales y/o particulares estipuladas, en los documentos sobrenñadidos a los mismos; tampoco asume ninguna obligación ni responsabilidad en cuanto a descripción, cantidad, peso, calidad, estado, embalaje, entrega, valor o existencia de las mercancías representadas por los documentos, ni tampoco en cuanto a la buena fe de los actos y/o omisiones, solvencia, cumplimiento de las obligaciones, reputación del expedidor, de los porteadores o de los aseguradores de las mercancías, o de cualquier otra persona quienquiera que sea.

3. Si por cualquier circunstancia la mercancía objeto de este crédito fuese almacenada, nos comprometemos solidariamente a pagar al Banco los derechos correspondientes de almacenaje, prima de seguro y otros gastos antes de retirar la mercancía.

4. Pasados veinte días desde que haya sido desembarcada la mercancía materia de este crédito, previo aviso de que trata el artículo 102 de la Ley 45 de 1923, podrá el Banco proceder a hacer rematar mercancías si no le hubieren sido pagadas las sumas debidas por concepto del crédito, sin perjuicio de las demás acciones legales a que tenga derecho el Banco.

5. El Banco tendrá facultad para admitir dichas entregas a cuenta del reembolso total y conceder el retiro de lotes parciales de la mercadería, y ello no comportará novación, modificación o renuncia de sus derechos, los que podrá ejercitar en cualquier momento, no obstante esa concesión.

6. Quienes suscribimos este documento aceptamos en forma expresa las normas contenidas en él y relacionadas con las "CONDICIONES GENERALES PARA LA EMISION DE CREDITOS DOCUMENTARIOS" y nos obligamos solidaria y mancomunadamente a pagar al BANCO GNB SUDAMERIS la cantidad por la cual se haya utilizado el crédito, así como los gastos, intereses y diferencias por fluctuaciones en los tipos de cambio por arbitrajes, todo lo cual será exigible ejecutivamente y sin necesidad de requerimientos, privados o judiciales, a los cuales renunciamos en forma expresa, por el sólo hecho de que el Banco afirme judicialmente que fue utilizado el crédito, la cuantía de la utilización y la fecha desde la cual se ha hecho exigible la obligación, facultades que otorgamos en forma irrevocable al Banco y que producen los efectos de una carta de instrucciones, de conformidad con el Art. 622 del Código de Comercio. En caso de mora o de acción judicial para el cobro de sumas a nuestro cargo, resultante de la utilización del crédito a que se refiere este documento, nos obligamos a pagar intereses, calculados sobre los saldos insolutos, al doble de la tasa pactada sin sobrepasar el doble del interés bancario corriente, más el 15% del total de la deuda (capital e intereses) como honorarios de la persona a quien se confíe el cobro judicial o extrajudicial, y nos sometemos a la jurisdicción de cualquier juez o tribunal competente de conformidad con la Ley.

   PARAGRAFO.- Declaramos en forma expresa que este documento en su integridad, y en especia las "CONDICIONES GENERALES PARA LA EMISIÓN DE CREDITOS DOCUMENTARIOS" se declaran incorporado a la carta de crédito No. Y por lo tanto está amparado por la presunción de autenticidad otorgada a las cartas de crédito por el Artículo 252 del Código de Procedimiento Civil (numeral 5°., inciso 2°.) y como tal constituye título ejecutivo.

7. En virtud a la apertura de la carta de crédito queda ipso facto cedida al Banco la póliza de seguro que ampara la mercancía correspondiente, tanto en el trayecto exterior como en el interior, teniendo el Banco pleno derecho para recibir el valor de la indemnización e imputarlo a nuestra deuda. Nos obligamos a abstenernos de recibir de la compañía de seguros pago de indemnizaciones por la mercancía objeto de este crédito, mientras no hayamos efectuado al Banco el pago total y definitivo de las utilizaciones correspondientes. Autorizamos irrevocablemente a la compañía de seguros para que, mediante la simple exhibición del presente formulario, efectúe directamente al Banco el pago de las indemnizaciones a que haya lugar.

8. Nos comprometemos a suministrar todos los documentos y a hacer todas las diligencias necesarias para obtener el permiso de reembolso, según la reglamentación que se fije al respecto. Serán de nuestro cargo los perjuicios resultantes de incumplimiento o mora en esta obligación.

9. Autorizamos al Banco a cargar a nuestra cuenta corriente el valor de la comisión de apertura, de confirmación de prórroga, etc., y sus gastos, así como los gastos a que haya lugar y que se causen dentro o fuera del país (comisiones, intereses, impuestos, portes, mensajes swift, etc.), hasta situar las divisas en poder de su corresponsal.

   Los intereses, gastos y comisiones relativos a este crédito serán liquidados por el Banco al tipo de venta de la respectiva divisa.

   Se entiende que la fecha del pago o reembolso definitivo será aquella en que el banco efectúa la remesa en moneda extranjera y que cualquier suma que se haya depositado o pagado anteriormente la consideramos como provisional.

10. Aceptamos solidariamente como condiciones implícitas del presente crédito todas las disposiciones legales y prácticas bancarias que rijan este clase de operaciones en la plaza donde se domicilia el corresponsal ante el cual se abre este crédito. Las condiciones no previstas en este documento, y para efectos de este crédito se rigen por las reglas uniformes para créditos comerciales documentarios, fijadas por el último congreso de la Cámara de Comercio Internacional, y demás normas concordantes. Esta solicitud, una vez firmada por nosotros, quienes actuamos solidariamente, se convierte en contrato y surte todos los efectos legales ante las Autoridades Colombianas.

11. Si el crédito concedido bajo las condiciones generales aquí estipuladas debe pagarse por cuotas o amortizaciones periódicas, el incumplimiento en el pago de una de las cuotas estipuladas, o en el pago de los intereses, hará exigible la totalidad de la obligación, sin necesidad de requerimientos privados o judiciales a los cuales se renuncia en forma expresa por parte del deudor y/o deudores solidarios.

12. El solicitante se obliga a entregar la información previa al otorgamiento de la presente operación de crédito o a cualquier modificación sobre ésta, a sus codeudores, avalistas o deudores solidarios, si los hubiere.

En constancia se firma.

_____

FIRMA Y SELLO DE SOLICITANTE

NOTA: Si el solicitante es persona Jurídica, debe firmar su Representante Legal.

Para uso exclusivo del Banco	
Vº Bº Control Firma	Vº Bº Representación Legal

42

COSTES

Los costes del Crédito Documentario son fijados por cada banco. Según sea sobre el exterior (pago) o del exterior (cobro), tenemos diferentes costes. En el siguiente ejemplo, podemos ver los Epígrafes 55 y 52 de Caixabank correspondiente a los pagos y los cobros (respectivamente) de créditos documentarios:

CAIXABANK, S.A.

En vigor desde el 01.07.14

EPÍGRAFE 55   Pág.1

CRÉDITOS DOCUMENTARIOS, CARTAS DE CRÉDITO STAND-BY Y ÓRDENES DE PAGO DOCUMENTARIAS DEL EXTRANJERO SOBRE ESPAÑA

A PERCIBIR DEL BENEFICIARIO, SÓLO CUANDO LA OPERACIÓN CONDICIONE EXPRESAMENTE QUE LOS GASTOS Y COMISIONES SON A CARGO DEL MISMO:

Clase de Operación	Comisión		
	%	Mínimo	Máximo
Comisión de preaviso	-	-	18,00 €
Comisión de notificación	0,10	50,00 €	-
Comisión de confirmación (a percibir trimestralmente, cuando la operación haya sido confirmada por "la Caixa") (Ver nota 2)	1,50	125,00 €	-
Comisión de utilización (a percibir sobre el importe de los documentos en cada utilización del crédito)	1,40	75,00 €	-
Comisión de estudio (a percibir exclusivamente en concepto del estudio de las documentaciones presentadas en cada utilización del crédito)	-	-	30,00 €
Comisión de cancelación	-	-	50,00 €
Comisión de transferencia del crédito o cesión del producto del mismo	0,40	100,00 €	-
Comisión de discrepancias (Ver nota 9)	-	-	50,00 €
Comisión de revisión (Ver nota 11)	-	10,00€	-

Además de las que corresponda según la clase de operación se percibirá por cambio de divisa (condición general nº 6)	Comisión	
	%	Mínimo
Cambio de divisa	3,00	6,01 €

CAIXABANK, S.A.

En vigor desde el 01.07.14

EPÍGRAFE 52

CRÉDITOS DOCUMENTARIOS Y ÓRDENES DE PAGO DOCUMENTARIAS SOBRE EL EXTRANJERO

Clase de Operación	Comisión				
	Por apertura (*)		Por pago diferido		Borrador (**)
	%	Mínimo	%	Mínimo	Importe
Crédito irrevocable	1,10	75,00 €	0,20	15,00€	50€
Órdenes de pago documentarias	1,10	75,00 €	0,20	15,00€	50€

(*) Esta comisión se percibirá en el momento de cursar la orden de apertura del crédito.

(**) Esta tarifa únicamente se aplicará a los borradores que no lleguen a convertirse en emisiones de créditos documentarios de importación, tanto por caducidad, como por anulación.

Además de estos epígrafes hay otra serie de gastos, que varían según el caso y que se recogen en las notas y apuntes de estos epígrafes (en este caso de Caixabank): el estudio (20€), justificantes de envío (0,30€), modificación (35€), o la traducción.

EJEMPLO:

Al igual que la en el ejemplo de la remesa documentaria, la operación es la misma. Los costes serían:

Concepto	Cantidad	Total
Pago	$30.209,28	$30.209,28
Cambio	1,2372	24.417,46 €

Concepto	Tarifa	Coste
Por cobro (RD)	1,1%	268,59 €
Estudio Apertura	20 €	20 €
Envío de justificante	0,30€	0,30€
Pago diferido	0,20%	0€
TOTAL		289,59 €

Es muy importante recordar que los gastos no son cerrados. Si se producen discrepancias, habrá que añadir un coste por cada modificación que se haga para resolverla.

Cuantos más documentos se usen, más revisión será necesaria, y por tanto, mayor envío de documentación y de traducción en ciertos casos. Si además añadimos una parte del pago en diferido, tendríamos que añadir un 0,20% del montante a diferir.

Todo esto encarece el coste final.

9 CARTA DE CRÉDITO COMERCIAL

Antes de empezar hay que realizar una aclaración importante. La expresión Commercial Letter of Credit, no es la traducción literal de "carta de crédito comercial", sino de crédito documentario; aunque debería usarse en este caso la expresión Documentary Credit.

Por ello, aunque usemos en inglés la expresión Commercial Letter of Credit, tenemos que tener cuidado de que no se confunda con un Crédito Documentario.

La Carta de Crédito Comercial es un documento emitido por un banco (emisor) por orden y petición expresa de un cliente (ordenante/importador), por el que autoriza al beneficiario (exportador) a librar una letra de cambio contra dicho banco o contra otra entidad bancaria designada en la propia carta, comprometiéndose al pago de la misma, siempre que esté emitida de conformidad con las condiciones de la carta de crédito y acompañada de los documentos requeridos.

Al contrario de lo que sucede con los créditos documentarios, las cartas de crédito suelen ser avisadas directamente por el banco emisor al beneficiario, aunque también se comunican por mediación de un banco del país del beneficiario (banco avisador/notificador).

Al igual que sucede con los créditos documentarios, las Cartas de Crédito Comerciales, pueden tener carácter revocable o irrevocable.

Para el cobro de la Carta de Crédito Comercial, el beneficiario debe presentar todos los documentos que exija el condicionado de la carta de crédito, más el efecto financiero (letra de cambio) en cualquier banco (ya que lo normal es que la carta de crédito así lo autorice).

El banco donde se presenten los documentos verificará la autenticidad de la carta de crédito y examinará los documentos presentados por el exportador. Si son conformes, procederá a efectuar el pago de la carta de crédito, reembolsándoselo posteriormente del banco emisor.

Es una buena forma de agilizar un crédito documentario, ya que permite elegir al exportador el banco que más le convenga.

La Carta de Crédito Comercial es un instrumento muy similar al Crédito Documentario, pero se diferencian en cinco puntos principales:

	Carta de Crédito	Crédito Documentario
Apertura	Envío directo del banco emisor al beneficiario	Siempre notifica al banco avisador
Utilización	Casi siempre es utilizable en cualquier banco	Suele ser designado a un banco concreto
Confirmación	Normalmente no son confirmadas	La confirmación es un requisito habitual
Utilizaciones parciales	Se anotan al dorso de la propia carta de crédito	No existen dichas anotaciones
Legislación	No están sometidas a una legislación concreta	Sometidas a las Reglas Unitarias de la Cámara de Comercio Internacional

La Carta de Crédito Comercial, se usa cuando:

- Los bancos del importador y del exportador son conocidos y solventes.

- Entre países sin riesgo país (ya sea político o de transferencia).
- Para cubrir varias operaciones de un mismo concepto en un período de tiempo.
- Cuando se busca la seguridad del Crédito Documentario pero con mayor flexibilidad y a menor coste.

10 CARTA DE CRÉDITO CONTINGENTE O STAND BY

Es el compromiso bancario de pagar al Beneficiario (vendedor/exportador), cuando éste no consiga cobrar del Ordenante (comprador/importador) en las condiciones pactadas.

Este compromiso se hace efectivo contra presentación por el Beneficiario de unos documentos determinados, incluyendo de modo esencial la declaración unilateral del Beneficiario de no haber recibido el pago del comprador.

Es similar a la de una garantía o aval bancario, pero aplicada en el ámbito internacional.

Siendo informales, podemos decir que la Stand by es un plan B. Le pedimos al comprador que abra una Stand by con nosotros como beneficiarios. Negociamos con él y elegimos un medio de pago simple; por ejemplo la transferencia bancaria. Mandamos la mercancía y el comprador nos transfiere el dinero; rápido, económico y eficaz. Si llega un momento en el que el comprador no paga (habiendo cumplido el vendedor con todos los requisitos); podemos ejecutar la Stand By. Esta stand by nos garantiza el cobro si se cumple el condicionado. Es un Contingente por si el plan principal (pago por transferencia) sale mal.

REGULACIÓN INTERNACIONAL

La legislación bajo la que encontramos las CCC son las Reglas y

Usos Uniformes relativos a los Créditos documentarios o los Usos internacionales relativos a los Créditos contingentes (ISP 98), ambas de la Cámara de Comercio Internacional. Las ISP 98 están contenidas en la publicación nº 590 de la CCI. Generalmente se considera la primera de las regulaciones más adaptada a las operaciones comerciales.

SECUENCIA

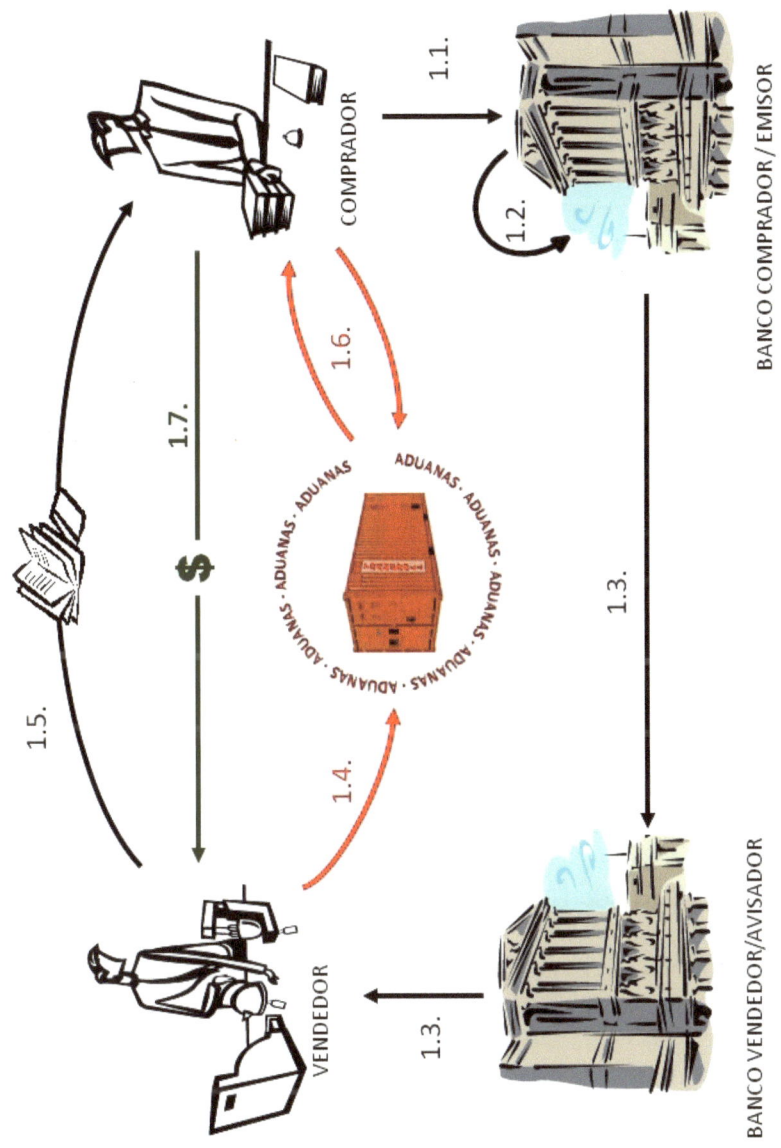

1. El comprador solicita a su entidad bancaria la apertura de una Carta de Crédito contingente (CCC) a favor del vendedor/beneficiario/exportador; indicando los términos y condiciones de ésta (documentos y plazos para su utilización). Siempre, previo pacto entre el exportador y su cliente, en el contrato de compraventa, de que el pago quedará garantizado por este medio.

2. El Banco emisor (el del comprador) analiza la operación y el riesgo que deberá asumir, y decide si aceptar o no la solicitud de su cliente. Si la ha aceptado, comunica la apertura de la CCC al beneficiario a través de otro banco (normalmente el banco del beneficiario).

3. El banco que ha recibido la comunicación de apertura, notifica al exportador (Beneficiario) la apertura de la CCC a su favor y las condiciones para su utilización.

4. Envío de la mercancía del exportador al importador.

5. Envío directo de documentos comerciales representativos de la mercancía (factura, documento de transporte, documento de seguro de transporte, etc.) del exportador al importador.

6. Con los documentos, el importador puede retirar la mercancía de la aduana.

7. El comprador paga directamente al exportador por el medio de pago que hayan pactado. Normalmente va a ser el más económico y flexible (transferencia simple, cheque, etc.).

¿QUÉ SUCEDE SI NO SE PRODUCE EL PAGO?

1. Caso de no recibirse el pago en los términos pactados, el exportador presenta al Banco avisador la declaración unilateral de impago y los documentos previstos en la CCC (factura, documento de transporte, etc.).

2. El Banco avisador envía los documentos al Banco emisor.

3. El Banco emisor analiza los documentos y si éstos cumplen el condicionado de la CCC, hace frente a su compromiso de pago en los términos establecidos en el condicionado.

4. El exportador (Beneficiario), recibe los fondos correspondientes a la mercancía enviada.

No es un medio de pago como tal, pero sí una formad e asegurar el pago. Es el más caro y cada banco pone su precio. Puede rondar desde un 1‰ de comisión sobre el montante que se quiera asegurar hasta un 8%. El estudio es personalizado y lleva tiempo. Muy poco utilizado entre países de la Unión Europea.

11 GARANTÍA BANCARIA A PRIMER REQUERIMIENTO

El funcionamiento de las denominadas Garantías a primer requerimiento (serían los avales bancarios en el ámbito internacional) es similar al visto para la Carta de crédito contingente.

No obstante varía. En el aval bancario a primer requerimiento, la entidad bancaria fiadora (la del importador) se obliga a satisfacer el montante garantizado en cualquier momento que sea requerido por el beneficiario (vendedor), sin que éste tenga que acreditar ningún incumplimiento. Es un título por el que se reconoce al beneficiario un derecho de cobro respecto al avalista. Si el obligado al pago (importador) no cumple, te diriges contra su avalista; en este caso la entidad bancaria del importador.

Para el exportador proporciona la máxima seguridad, ya que con la simple acreditación mediante documento de la garantía, el banco pagará la cantidad estipulada.

Se utiliza mucho en comercio internacional. Están regulados por las Reglas y Usos Uniformes sobre Garantías a Primer Requerimiento de la Cámara de Comercio Internacional, contenida en la publicación nº 758 de la Cámara de Comercio Internacional, que entró en aplicación el primero de julio de 2010, en sustitución de las nº 458).

A continuación adjunto un tipo de los muchos que hay de modelo aval a primer requerimiento.

MODELO DE CONTRATO DE AVAL A PRIMER REQUERIMIENTO

En ...., a .... de .... de dos mil ....

REUNIDOS

De una parte
Don ...., con DNI ...., de nacionalidad ...., con domicilio en .... interviene en representación de la Sociedad ...., NIF .... regularmente constituida con sujeción a las leyes de .... e inscrita en el Registro de Comercio de ...... en el nº ...., en calidad de ....(especificación del cargo de la sociedad), a cuyo fin acompaña el documento de constitución de la Compañía y el que acredita su representación y poderes bastantes para este acto. En adelante se denominará el **BANCO**.

De otra

La Compañía ...., NIF nº .... Constituida con arreglo a las leyes de ...., e inscrita en el Registro Mercantil de ......, en el Tomo ...... página ......, representada por D ...., Presidente del Consejo de Administración, según acredita con escritura de constitución y de su respectivo nombramiento expedida por el Notario público D. al nº . de su protocolo e inscrito en el Registro correspondiente al Tomo ..... Página ...... En adelante se denominará el **CLIENTE ORDENANTE**.

Y de otra

Don ...., con DNI ......, de nacionalidad ......, con domicilio en ...... interviene en representación de la Sociedad ...., NIF .... regularmente constituida con sujeción a las leyes de ...... e inscrita en el Registro de Comercio de ..... en el nº ....., en calidad de ...... (especificación del cargo de la sociedad), a cuyo fin acompaña el documento de constitución de la Compañía y el que acredita su representación y poderes bastantes para este acto. En adelante el **BENEFICIARIO**.

Todos ellos se reconocen capacidad suficiente para este acto, estando interesados, deciden celebrar contrato de cobertura de riesgos dimanantes de operaciones de comercio exterior, con sujeción al sentido y alcance de las siguientes:

ESTIPULACIONES
Primera. A petición del cliente-ordenante, el Banco se compromete como primer obligado y ante el beneficiario de esta garantía al pago de la cantidad **máxima de ......** por todos los conceptos como pago e indemnización del incumplimiento de la prestación del contrato de ..... de fecha ..... suscrito por el beneficiario y el ordenante.

Segunda. **El pago e indemnización se abonarán al beneficiario en la Sucursal del Banco ......** (identificación de la calle y cuenta) contra la recepción del requerimiento notarial por cualquier medio (fax, telegrama, etc., y si ratificación expresamente firmada) que al efecto remita el beneficiario, acompañado de documento fehaciente en que se haga constar el incumplimiento del ordenante.

Tercera. El Banco se obliga al pago de esta garantía a primera demanda hasta el día ......, fecha a partir de la cual quedan sin efecto. El beneficiario deberá presentar antes de la caducidad expresada los documentos necesarios para la reclamación, no siendo concedida prórroga alguna adicional. Previamente el Banco tendrá inscrita esta garantía en un Registro especial en fecha ..... y número ......

Cuarta. El presente contrato se regirá por las cláusulas aquí establecidas y en lo no previsto en ellas por las reglas de la Cámara de comercio relativas a **garantías a primera demanda**, de 3 de diciembre de 1991, publicación 458, aparte las normas imperativas y de orden público, aplicables según normas de derecho internacional privado, como también los usos generalmente observados en el lugar de sede del Banco garantizante.

Quinta. Estipulaciones finales.
1. Cualquier litigio, discrepancia en torno al cumplimiento e interpretación de este contrato, o que esté directamente relacionado con el las partes, con renuncia al fuero propio que pudiera corresponderle acuerdan someter sus diferencias a arbitraje de la Cámara de Comercio de ...... que gestionará el arbitraje y la designación de árbitro. En otro caso, y para asuntos que puedan someterse al arbitraje, las partes, con igual renuncia al fuero propio, se someten a la jurisdicción de los Tribunales de ....

2. La invalidez de alguna de las estipulaciones de este contrato no afectará a las demás, que se consideran vigentes en virtud del principio in favor negotti.

3. El presente contrato será elevado a público con anterioridad a su vigencia, mediante la intervención del mismo fedatario.

En señal de aceptación y conformidad firman ambas partes interesadas el presente contrato que extiende por triplicado y a un solo efecto en lengua ......, en el lugar y fecha arriba indicados.

12 SEGURO DE TIPO DE CAMBIO

No todas las operaciones de compraventa internacional se efectúan en la misma moneda. Cuando la operación es en la moneda del vendedor; el comprador tendrá que pagar en esa divisa; lo que implica acudir al mercado de divisas y comprarla. Cuando los pagos son inmediatos, sin aplazamientos, es muy simple. Basta con usar el tipo de cambio existente para ese momento. Este mercado de divisas al contado, se denomina **mercado spot.**

El problema surge cuando la operación es aplazada (el pago no se realiza en el momento de la entrega de la mercancía, sino después). Entonces, tenemos que acudir al mercado de divisas futuras, también conocido como **mercado forward.**

El tipo de cambio futuro es un tipo de cambio basado en proyecciones y en una relativa previsión del estado del mercado de divisas a cierto tiempo vista. En este escenario, la incertidumbre es alta.

El seguro de tipo de cambio o **seguro de cambio**, es una herramienta que ofrece la posibilidad de fijar el tipo de cambio de antemano (previo al vencimiento de la operación), con la finalidad de que la rentabilidad de no quede sometida a los vaivenes de las cotizaciones de divisas. De esta forma, aunque el cobro (o pago) de la operación se realice en el futuro, el tipo de cambio será fijo.

Este método no es estrictamente hablando, un medio de pago internacional. Pero está íntimamente ligado a ellos.

El seguro de tipo de cambio puede ser bien acogido cuando a la hora de ejecutarlo, la moneda en la que se paga se ha depreciado con respecto al momento en el que se pactó el pago (la empresa ha salvado pérdidas por devaluación de divisas). Pero también puede ser visto como una pérdida si ocurre el caso contrario (la moneda de pago se haya aprecia).

Las empresas olvidan en muchas ocasiones que su negocio no es especular en el mercado financiero de divisas, sino producir y comercializar.

El seguro de cambio se contrata con una entidad financiera (banco o caja). Estas operaciones de cobertura se pueden realizar a plazos de hasta un año. También se puede efectuar a cualquier fecha intermedia: a 15 días, a 60 días, o cualquier otra cantidad de días. Es lo que se conoce como mercado "a la medida" (over the counter).

El Seguro de Cambio no es un seguro habitual en el que se paga una prima por un riesgo de tal forma que obtengamos una indemnización en caso de perjuicio.

Existen tres modalidades de Seguro de Cambio:

SEGURO DE CAMBIO TRADICIONAL

Para este tipo de seguros se dan unas hojas de cotizaciones de divisas, según sea para comprar o vender, a diferentes fechas. Para cada fecha de vencimiento y según la operación, el tipo de cambio será diferente. Estas cotizaciones cambian a diario, incluso cada hora; dependiendo de los mercados de divisas internaciones. Veamos un ejemplo de cotización de seguro de cambio de Caixabank:

Informe diario de mercados

Banca Transaccional. Área de Tesorería.
Contratación FX: 902.196. Puntas: 93.404.
Barcelona: 93.404   Madrid: 91.702.
Bilbao: 94.435.   Valencia: 96.353   Sevilla: 95.429
Baleares y Canarias: 93.404
e-mail:

| lunes | 21-jun-2010 |

Cotizaciones

	contado		B.C.E.	seguro de cambio				
	mercado	variación		1m.	3m.	6m.	9m.	1a.
EURUSD	1,2426	0,42%	1,2372	1,2428	1,2434	1,2442	1,2450	1,2458
EURGBP	0,8354	0,12%	0,83570	0,8355	0,8359	0,8363	0,8369	0,8375
EURCHF	1,3718	-0,29%	1,3745	1,3714	1,3702	1,3679	1,3651	1,3630
EURJPY	112,82	0,41%	112,12	112,79	112,72	112,58	112,41	112,20
GBPUSD	1,4867	0,24%		1,4867	1,4868	1,4868	1,4866	1,4864
USDJPY	90,77	-0,04%		90,73	90,63	90,46	90,27	90,04

depósitos								
a 1 día	cotización	variación	euribor	cotización	variación	libor USD	cotización	variación
EUR Eonia	0,368%	3,95%	1m.	0,444%	0,23%	1m.	0,34734%	-0,05%
USD	0,170%	-32,00%	2m.	0,556%	0,18%	2m.	0,43250%	-0,22%
GBP	0,450%	2,27%	3m.	0,732%	0,41%	3m.	0,53819%	-0,20%
CHF	-0,010%	-200,00%	6m.	1,015%	0,40%	6m.	0,75063%	-0,55%
JPY	0,040%	300,00%	1a.	1,285%	0,31%	1a.	1,18313%	-0,58%

bolsas			deuda 10 a.			materias primas		
	cotización	variación		rentabilidad	variación		cotiz. x USD	variación
Ibex	10.106,80	2,31%	Bono Esp.	4,513%	-6,33%	Onza Oro	1263,60	1,61%
Euro Stoxx	2.783,72	1,70%	Bund Alemán	2,755%	3,34%	Onza Platino	1.601,75	1,99%
S&P 500	1.117,51	0,13%	U.S. Treasury	3,282%	2,57%	Crudo Brent	77,39	-0,60%
Dow Jones	10.450,64	0,16%	GBP Gilt	3,536%	1,32%	Ton. Cacao	3.152,34	-0,52%
Nasdaq	2.309,80	0,11%	CHF Swiss	1,640%	3,99%	Lib. Café Col.	236,75	0,11%
Nikkei	10.238,01	2,43%	JPY Jgb	1,228%	1,74%	Dcho. Esp. Giro	1,47596	0,08%

Cotizaciones orientativas en tiempo real (precios de mercado) al cierre del informe, aproximadamente a las 9:30 horas.
La variación recoge el cambio sufrido en las cotizaciones o rentabilidades respecto a la actualización del informe anterior.

En la cotización anterior, tenemos que si queremos contratar un seguro de cambio a 6 meses para una operación de EUR/USD, el tipo de cambio es 1,2450. En comparación, el tipo de cambio en ese momento EUR/USD es de 1,2426.

Túnel del Exportador

Es un producto que establece unos límites de fluctuación al tipo de cambio, limitando así las pérdidas en casos de movimientos desfavorables. Se fija **un peor y un mejor escenario** para las operaciones con divisa extranjera. Si durante todo el periodo el tipo de cambio de mercado no llega a la barrera.

Opciones de Futuro y Divisas

Un sistema alternativo de cobertura del riesgo en operaciones en divisas extranjeras. Son operaciones financieras que permiten al que las contrata, ejercer, o no, la posibilidad contratada. Lo que se contrata son "opciones de ventas de divisas" (o compras según sea la perspectiva. Estas operaciones son a un plazo y a un precio determinado. Cuando se cumple el plazo, el propietario de la opción puede ejercitar esa opción de venta o no. Le va a interesar no ejercerla cuando la divisa de su opción de compra cotiza apreciada con respecto al valor de mercado. Y va a ejercitarla cuando la divisa se encuentra depreciada con respecto al valor de mercado.

De las opciones anteriores, las más usadas son el seguro de cambio y el túnel del exportador.

Para ver de una forma práctica el concepto, vamos a hacer un caso práctico.

EJEMPLO:

- Fecha de hoy (para efectos del supuesto): **21-06-2010**
- Pago aplazo en 3 meses a proveedor chino en dólares.
- Cantidad de dólares a comprar: $30.209,28.
- Fecha de vencimiento del pago: **25-09-2010**
- La **comisión de cobertura** sería de **49.7€**
- Seguro de cambio de barrera: 1,211 y barrera superior a 1,276 (si durante todo el periodo el tipo de cambio de mercado no llega a la barrera, se aplica la barrera, beneficiándote de esa depreciación del dólar). Vencimiento: 29-09-10.

SEGURO DE CAMBIO		
Factura	$30.209,28	24.295,71 €
Comisión de apertura	49,70 €	49,70 €
Compra de divisas	3%	728,87 €
Tipo de Cambio	1,2434	
TOTAL COSTES		**778,57 €**
TOTAL PAGO		**25.074,28 €**

TUNEL EXPORTADOR		
Factura	$30.209,28	
Comisión	49,70 €	49,70 €
Compra divisas para seguro Barrera	3%	715,46 €
Tipo de cambio Barrera inferior	1,2234	24.692,89 €
Tipo de cambio Barrera superior	1,2667	23.848,80 €
TOTAL COSTES BARRERA		**765,16 €**
TOTAL Pago BARRERA		**24.613,97 €**

13 ELECCIÓN DEL MEDIO DE PAGO

Hasta aquí hemos visto los principales medios de pago internacionales. Desde el más simple (transferencia) hasta los más complejos y caros (crédito documentario o la carta de crédito contingente).

Ahora que sabemos cómo funcionan y cuáles son sus ventajas e inconvenientes, nos falta saber elegir un medio de pago.

Los medios de pago son herramientas; pero hay que saber adecuarlas al "trabajo". Recordemos que la correcta elección del medio de pago se realiza con intención de asegurar el cobro.

La elección del medio de pago dependerá de en qué escenario estamos:

- Forma de Pago habitual del Sector.
- Imposición del comprador/vendedor (si es mucho más grande que la otra parte).
- Por la negociación inter-partes.

FORMA DE PAGO HABITUAL DEL SECTOR.

Hay algunos sectores en los que los medios de pago obedecen a los usos y costumbres; es decir, a lo que se ha hecho siempre.

Hay sectores en los que es normal usar una Remesa Documentaria en condiciones EXW y con aplazamiento del pago. En otros sectores se paga con cheques bancario y también puede pasar que los usos sean referidos al tipo de empresas en vez de al sector; como las trading companies, que suelen utilizar cartas de crédito (L/C).

En este escenario, no hay mucho que hacer, y el cobro (si se es el vendedor) se suele asegurar a través de una garantía bancaria o de un seguro comercial.

La garantía bancaria es cara y la soporta sólo una de las partes. El seguro comercial es lento, tarda en ejecutarse y no lo hace por el importe íntegro de la factura (puede tardar hasta un año desde el impago y asegurar el cobro entre un 80%-95% del importe de la factura).

Aquí, más que asegurar el cobre, tenemos que intentar financiar las operaciones sin perder dinero llegado el caso. Es interesante en estos casos poner de titular del seguro comercial (si se realiza) a nuestra entidad bancaria. Esto asegura a la entidad bancaria que va a cobrar (aunque sea dentro de un año), lo que facilita que nos financien.

CESCE en España ofrece poner a la entidad financiera como beneficiaria del seguro comercial.

IMPOSICIONES

Se producen cuando una de las partes es muy superior en tamaño y poder a la otra. Son dos, las Instituciones Públicas y las Grandes Empresas Distribuidoras.

Las primeras se suelen considerar de máxima solvencia, e incluso por Ley no se pueden pasar a Deudores de dudoso cobro en los libros de la empresa, ya que representan la máxima garantía de pago que puede existir. Por tanto, las condiciones de pago vienen impuestas desde la administración, así como el medio de pago.

Las segundas no son de máxima garantía; pero casi. Al ser tan grandes y controlar los canales principales de distribución, pueden fijar unas condiciones de venta o de compra que simplemente aceptamos o no.

A priori vender a estos dos tipos de clientes tiene la ventaja de que es casi seguro cobrar y además, en el caso de la segunda, asegurar un volumen importante.

NEGOCIACIÓN INTER-PARTE

Es aquí donde nos vamos a centrar, ya que es el escenario donde elegir un buen medio de pago va a ser fundamental en la negociación;

y saber utilizarlos bien puede hacer más apetitosa una oferta que otra, sin perder seguridad en el cobro.

En una negociación, cada parte tiene un escenario que sería el idílico; uno que sería el óptimo, otro el mínimo y finalmente uno que sería el esperado o aceptable.

Con los medios de pago sucede exactamente lo mismo; la diferencia es que un medio de pago a priori malo, se puede convertir en uno muy bueno si sabemos cómo.

El medio de cobro idílico para el exportador suele ser el peor posible para el importador:

"100% de la factura por adelantado a la puesta del pedido, transferencia, gastos OUR"

Y al contrario:

"100% de la factura aplazado al máximo tiempo posible, por transferencia, gastos BEN"

Si se supiese seguro que la mercancía va a ser entregada, que va a ser la misma que la pactada y que el pago se va a realizar seguro, daría igual que medio de pago utilizar; pero desgraciadamente, en el comercio nacional e internacional existe desconfianza; y aunque las dos compañías actúen de buena fe, siempre habrá recelos entre ellas.

Pero tampoco podemos vender o comprar en los términos antes expuestos. La solución está en un mix de medios de pago. Y en suplir las carencias para vendedor y comprador con medios de pago complementarios, que garanticen el éxito de la operación.

14 ASEGURAMIENTO DE LA OPERACIÓN A TRAVÉS DEL MEDIO DE PAGO

El aseguramiento de la operación a través de los medios de pago consiste en elegir un mix de medios de pago óptimos que garanticen la tranquilidad de comprador y vendedor, supliendo las carencias de un único medio de pago.

Para ello, vamos a ver los siguientes ejemplos:

MEDIOS DE PAGO SIMPLE

- Se pueden combinar con una garantía bancaria o una Carta de Crédito Contingente. El coste se puede financiar a medias y puede servir para financiar varias operaciones durante un periodo de tiempo determinado. Además permite cierta flexibilidad, ya que antes de ejecutar la garantía o la CCC, las partes pueden hablar y renegociar.

- Los medios de pago simple se pueden utilizar en operaciones con condiciones de entrega Ex Works; siempre y cuando la mercancía pueda ser vendida a otro cliente. En este caso el comprador puede ofrecer un adelanto que financie la producción. La mercancía se entrega en condiciones EXW, sí y sólo sí el comprador paga el resto. Este resto se puede pagar una parte al contado y otra aplazada (por aceptación de letras). Si a la entrega de la mercancía el comprador no paga o no acepta; el coste de retorno para el vendedor será más bajo que si la mercancía estuviese en el país destino; y si puede venderla a otro cliente sin modificar (o con un coste mínimo por modificación) siempre podrá recuperar su inversión.

MEDIOS DE PAGO DOCUMENTALES

- Si se va a elegir un medio de pago documental, como el crédito documentario, es importante no empezar la producción hasta tener notificación del crédito abierto a nuestro nombre. Esto garantiza que si cumplimos, cobraremos. Para el comprador, el miedo viene que al recibir la mercancía no se ajuste a la esperada o pactada y tenga que pagarla igualmente (recordemos que se miran documentos, no mercancía). Una opción para vencer este dilema es una PSI (Pre Shipment Inspection); realizada por alguna calificadora internacional. Esta PSI puede ser un documento exigido en el condicionado del crédito. También es recomendable que el seguro de la mercancía se negocie para que sea Cargo A (máxima cobertura) y con una aseguradora internacional.

- Para operaciones parciales, se puede utilizar una Carta de Crédito (L/C), más rápida, más flexible y más económica; ya que para varias operaciones sólo tenemos que gestionar una apertura. Imaginemos cuatro operaciones cubiertas por un crédito documentario cada una. Es más barato una carta de crédito que permita retiradas parciales por el montante total de las cuatro operaciones.

- Para las Remesas Documentarias, pactar condiciones EXW o FCA (la mercancía se entrega en el país de origen), nunca en destino. Usar una PSI y Seguro Comercial con beneficiario el banco (para poder intentar descontar las letras de forma no revocable). Si no, pedir un aval bancario y correr con la mitad de los gastos.

Como veis, las formas de mezclar y buscar soluciones a las fallas de los medios de pago son muchas y variadas.

Lo importante es intentar conseguir un acuerdo justo, en el que el medio de pago elegido no sea extremadamente desfavorable para una de las partes.

Por ejemplo, no pedir por anticipado si no se está dispuesto a conceder una parte aplazada.

En algunos casos, la barrera se salva con cierta proactividad. Si el comprador no está dispuesto a abrir un Crédito Documentario porque no lo conoce, no se fía y cree que es demasiado caro; es obligación del vendedor (si lo conoce) intentar aclarar las dudas, explicarlo, ayudarle a abrirlo y asesorar; incluso a cofinanciarlo llegado el caso.

En algunas ocasiones, un Seguro Comercial cuesta más que un aval bancario o una CCC. Si es así, ¿por qué pagar un seguro comercial?

COROLARIO

A modo de resumen, podemos ver algunas formas de pago mixtas, con consejos y obligaciones para comprador y vendedor, que ayudarán a que sean beneficiosos para los dos:

MIX	Consejos u Obligaciones del Vendedor	Consejos u Obligaciones del Comprador
Crédito Documentario	Pedir confirmación si es un país Tercero. Otorgar aplazamiento.	Documentación Extra: Pre Shipment Inspection.
CCC y Orden de Pago Simple	Mantener calidad de la Mercancía. Dialogar antes de Ejecutar la CCC.	No retrasarse en el Pago. Mantener diálogo abierto. PSI.
Remesa y Seguro Comercial	Mercancía que pueda vender a un segundo cliente. Condiciones EXW.	Aceptación de los efectos cambiarios. Correr con gastos de transporte hasta destino.
Cheque u Orden de Pago simple y Efectos financieros.	Venta EXW / FCA – Seguro Comercial por la parte aplazada. Intentar factoring.	Pagar parte por anticipado, parte a la entrega de mercancías y aceptación de letras para el resto aplazado.
Remesa y Aval	Cumplir los plazos de entrega.	Pedir Pago Aplazado.
Commercial Letter of Credit (L/C)	Que sea pagadera en cualquier banco. Sirva para varias operaciones.	Pre Shipment Inspection. Pedir parte aplazada. Sirva para varias operaciones.

SOBRE EL AUTOR

Manuel Vera, nacido en Córdoba, España. Es licenciado en Empresas por la Universidad de Sevilla y especializado en International Business Operations por la Cámara de Comercio y en Comercio Internacional por la EOI.

Ha trabajado como gestor logístico internacional para el grupo Alter, consultor para la oficina comercial de la embajada de España en Reino Unido y actualmente como International Manager para una empresa española. En 2011 fundó FT20, una enciclopedia online de comercio exterior con más de 70 artículos, guías y manuales sobre procedimientos en el comercio internacional. Es autor de libros como "How to become an honest con artist" (2014), "Guía de los Incoterms 2010" (2013) o "Selling the moto" (2013). También ha publicado un libro por encargo de la empresa de formación Femxa para su curso superior en Comercio Exterior.

www.ingramcontent.com/pod-product-compliance
Lightning Source LLC
Chambersburg PA
CBHW040844180526
45159CB00001B/315